# 中国共产党
# 普通高等学校基层组织工作条例

中国法制出版社

# 目　　录

# 中国共产党
# 普通高等学校基层组织工作条例

（2009年11月5日中共中央政治局常委会会议审议批准　2010年8月13日中共中央发布　2021年2月26日中共中央政治局会议修订　2021年4月16日中共中央发布）

## 第一章　总　　则

**第一条**　为了深入贯彻习近平新时代中国特色社会主义思想，贯彻落实新时代党的建设总要求和新时代党的组织路线，坚持和加强党对普通高等学校（以下简称高校）的全面领导，加强和改进高校党的建设，扎根中国大地办好中国特色社会主义大学，根据《中国共产党章程》和有关法律，制定本条例。

**第二条**　高校党组织必须高举中国特色社会主义伟大旗帜，以马克思列宁主义、毛泽东思想、邓小平理论、“三个代表”重要思想、科学发展观、习近平新时代中国特色社会主义思想为指导，增强“四个意识”、坚定“四个自信”、做到“两个维护”，全面贯彻党的基本理论、基本路线、基本方略，全面贯彻党的教育方针，坚持教育为人民服务、为中国共产党治国理政服务、为巩固和发展中国特色社会主义制度服务、为改革开放和社会主义现代化建设服务，坚守为党育人、为国育才，培养德智体美劳全面发展的社会主义建设者和接班人。

**第三条** 高校实行党委领导下的校长负责制。高校党的委员会（以下简称高校党委）全面领导学校工作，支持校长按照《中华人民共和国高等教育法》的规定积极主动、独立负责地开展工作，保证教学、科研、行政管理等各项任务的完成。

高校党委实行民主集中制，健全集体领导和个人分工负责相结合的制度。凡属重大问题都应当按照集体领导、民主集中、个别酝酿、会议决定的原则，由党委集体讨论，作出决定；党委成员应当根据集体的决定和分工，切实履行职责。

**第四条** 高校党组织工作应当遵循以下原则：

（一）坚持党管办学方向、党管干部、党管人才、党管意识形态，领导改革发展，把党的领导落实到高校办学治校全过程各方面，确保党的教育方针和党中央决策部署得到贯彻落实；

（二）坚持全面从严治党，以党的政治建设为统领，把政治标准和政治要求贯穿党的思想建设、组织建设、作风建设、纪律建设以及制度建设、反腐败斗争始终；

（三）坚持高校党的建设与人才培养、科学研究、社会服务、文化传承创新、国际交流合作等深度融合，为高校改革发展稳定、完成党和国家重大战略任务提供思想保证、政治保证、组织保证；

（四）坚持把思想政治工作作为开展高校党的建设的重要抓手，把立德树人成效作为检验高校党的建设工作的根本标准；

（五）坚持抓基层强基础，健全高校党的组织体系、制度体系和工作机制，全面增强高校基层党组织生机活力。

## 第二章　组 织 设 置

**第五条**　高校党委由党员大会或者党员代表大会选举产生，每届任期5年。党委对党员大会或者党员代表大会负责并报告工作。

党员代表大会代表实行任期制。

**第六条** 规模较大、党员人数较多的高校，根据工作需要，经上级党组织批准，党委可以设立常务委员会（以下简称常委会）。常委会由党委全体会议选举产生，对党委负责并定期报告工作。设立常委会的党委每半年至少召开1次委员会全体会议，遇有重要情况可以随时召开。

设立常委会的高校党委，一般设党委委员15至31人，常委会委员7至11人；不设常委会的，一般设委员7至11人。根据学校实际，经上级党组织批准，可以适当增减常委会委员或者不设常委会的委员职数。

**第七条** 高校院（系）级单位根据工作需要和党员人数，经学校党委批准，设立党的基层委员会、总支部委员会、支部委员会。党的基层委员会由党员大会或者党员代表大会选举产生，党的总支部委员会、支部委员会由党员大会选举产生。院（系）党组织每届任期一般为5年。

**第八条** 有正式党员7人以上的党支部，应当设立党支部委员会；正式党员不足7人的党支部，设1名书记，必要时可以设1名副书记，由党支部党员大会选举产生。党支部委员会和不设支部委员会的支部书记、副书记每届任期一般为3年。

**第九条** 高校院（系）级以下单位设立党支部，应当与教学、科研、管理、服务等机构相对应。教师党支部一般按照院（系）内设的教学、科研机构设置，学生党支部一般按照年级班级或者学科专业设置。可以依托重大项目组、科研平台或者学生社区等设置师生党支部，注重在本专科低年级建立党的组织、开展党的工作。管理、后勤等部门的党支部一般按照部门设置。将离退休教职工党员编入党的组织，开展党的活动。

注重选拔党性强、业务精、有威信、肯奉献的党员学术带头人担任教师党支部书记。注重从优秀辅导员、骨干教师、优秀学生党员中选拔学生党支部书记。管理、后勤等部门党支部书记一般由本部门主要负责人担任。

## 第三章 主要职责

**第十条** 高校党委承担管党治党、办学治校主体责任，把方向、管大局、作决策、抓班子、带队伍、保落实。主要职责是：

（一）宣传和执行党的路线方针政策，宣传和执行党中央以及上级党组织和本组织的决议，坚持社会主义办学方向，依法治校，依靠全校师生员工推动学校科学发展，培养德智体美劳全面发展的社会主义建设者和接班人。

（二）坚持马克思主义指导地位，组织党员认真学习马克思列宁主义、毛泽东思想、邓小平理论、“三个代表”重要思想、科学发展观、习近平新时代中国特色社会主义思想，学习党的路线方针政策和决议，学习党的基本知识，学习业务知识和科学、历史、文化、法律等各方面知识。

（三）审议确定学校基本管理制度，讨论决定学校改革发展稳定以及教学、科研、行政管理中的重大事项。

（四）讨论决定学校内部组织机构的设置及其负责人的人选。按照干部管理权限，负责干部的教育、培训、选拔、考核和监督。加强领导班子建设、干部队伍建设和人才队伍建设。

（五）按照党要管党、全面从严治党要求，加强学校党组织建设。落实基层党建工作责任制，发挥学校基层党组织战斗堡垒作用和党员先锋模范作用。

（六）履行学校党风廉政建设主体责任，领导、支持内设纪检组织履行监督执纪问责职责，接受同级纪检组织和上级纪委监委及其派驻纪检监察机构的监督。

（七）领导学校思想政治工作和德育工作，落实意识形态工作责任制，维护学校安全稳定，促进和谐校园建设。

（八）领导学校群团组织、学术组织和教职工代表大会。

（九）做好统一战线工作。对学校内民主党派的基层组织实行政治领导，支持其依照各自章程开展活动。支持无党派人士等统一战线成员参加统一战线相关活动，发挥积极作用。加强党外知识分子工作和党外代表人士队伍建设。加强民族和宗教工作，深入开展铸牢中华民族共同体意识教育，坚决防范和抵御各类非法传教、渗透活动。

**第十一条** 高校院（系）级单位党组织应当强化政治功能，履行政治责任，保证教学科研管理等各项任务完成，支持本单位行政领导班子和负责人开展工作，健全集体领导、党政分工合作、协调运行的工作机制。主要职责是：

（一）宣传和执行党的路线方针政策以及上级党组织的决议，并为其贯彻落实发挥保证监督作用。

（二）通过党政联席会议，讨论和决定本单位重要事项。召开党组织会议研究决定干部任用、党员队伍建设等党的建设工作。涉及办学方向、教师队伍建设、师生员工切身利益等事项的，应当经党组织研究讨论后，再提交党政联席会议决定。

（三）加强党组织自身建设，建立健全党支部书记工作例会等制度，具体指导党支部开展工作。

（四）领导本单位思想政治工作，加强师德师风建设，落实意识形态工作责任制。把好教师引进、课程建设、教材选用、学术活动等重要工作的政治关。

（五）做好本单位党员、干部的教育管理工作，做好人才的教育引导和联系服务工作。

（六）领导本单位群团组织、学术组织和教职工代表大会。做好统一战线工作。

**第十二条** 教职工党支部围绕本单位改革发展稳定等开展工作，落实立德树人根本任务，发挥教育管理监督党员和组织宣传凝聚服务师生员工的作用。主要职责是：

（一）宣传和执行党的路线方针政策以及上级党组

织的决议，团结师生员工，在完成教学科研管理任务中发挥党员先锋模范作用；

（二）参与本单位重大问题决策，支持本单位行政负责人开展工作，对教职工职称评定、岗位（职员等级）晋升、考核评价等进行政治把关；

（三）做好党员教育、管理、监督和服务工作，定期召开组织生活会，开展批评和自我批评；

（四）培养教育入党积极分子，做好发展党员工作；

（五）加强师德师风建设，有针对性地做好思想政治工作；

（六）密切联系群众，经常听取师生员工意见和诉求，维护他们的正当权利和利益。

**第十三条** 学生党支部应当加强思想政治引领，筑牢学生理想信念根基，引导学生刻苦学习、全面发展、健康成长。主要职责是：

（一）宣传和执行党的路线方针政策以及上级党组织的决议。

（二）加强对学生党员的教育、管理、监督和服务，定期召开组织生活会，开展批评和自我批评。发挥学生党员先锋模范作用，影响、带动广大学生明确学习目的，完成学习任务。

（三）组织学生党员参与学生事务管理，维护学校稳定。支持、指导和帮助团支部、班委会以及学生社团根据学生特点开展工作，充分发挥保留团籍的学生党员的带动作用。

（四）培养教育学生中的入党积极分子，按照标准和程序发展学生党员。

（五）根据学生特点，有针对性地做好思想政治教育工作。

## 第四章　党的纪律检查工作

**第十四条**　高校设立党的基层纪律检查委员会（以下简称高校纪委）。高校纪委由党员大会或者党员代表大会选举产生，在同级党委和上级纪委双重领导下进行工作。上级纪委在监督检查、纪律审查等方面强化对高校纪委的领导。

实行向高校派驻纪检监察机构的，派驻纪检监察机构根据授权履行纪检、监察职责，代表上级纪委监委对高校党委进行监督。

**第十五条**　高校纪委设立专门工作机构，配备必要的工作人员。

高校党委视具体情况在院（系）级单位党委设立纪委或者纪律检查委员。党的总支部委员会和支部委员会设纪律检查委员。

**第十六条**　高校纪委是高校党内监督专责机关，履行监督执纪问责职责。主要任务是：

（一）维护党章和其他党内法规，检查党的路线方针政策和决议的执行情况，协助高校党委推进全面从严治党、加强党风建设和组织协调反腐败工作。

（二）经常对党员进行遵守纪律的教育，作出关于维护党纪的决定。

（三）对党的组织和党员领导干部履行职责、行使权力进行监督，受理处置党员群众检举举报，开展谈话提醒、约谈函询。

（四）检查和处理党的组织和党员违反党章和其他党内法规的比较重要或者复杂的案件，决定或者取消对这些案件中的党员的处分；进行问责或者提出责任追究的建议。

（五）受理党员的控告和申诉，保障党员权利不受侵犯。

高校纪委应当严格按照职责权限和工作程序处理

违犯党纪的线索和案件，把处理特别重要或者复杂案件中的问题和处理结果，向同级党委和上级纪委报告。

## 第五章　党员队伍建设

**第十七条**　高校党组织应当构建多层次、多渠道的党员经常性学习教育体系，加强政治理论教育和党史教育，突出政治教育和政治训练，强化党章党规党纪教育、党的宗旨教育、革命传统教育、形势政策教育和知识技能教育，推进“两学一做”学习教育常态化制度化，建立和落实不忘初心、牢记使命的制度。

**第十八条**　严格党的组织生活，坚持开展批评和自我批评，提高“三会一课”质量，开好民主生活会和组织生活会，健全落实谈心谈话、民主评议党员、主题党日等制度，确保党的组织生活经常、认真、严肃。

**第十九条**　强化党员日常管理，及时转接党员组织关系，督促党员按期足额交纳党费。加强流动党员管理和服务，做好毕业生党员、出国（境）学习研究党员组织关系和党籍管理工作。关心党员思想、学习、工作和生活，健全党内关怀、帮扶长效机制。搭建党员发挥先锋模范作用平台，健全党员联系和服务群众工作体系。妥善处置不合格党员，严格执行党的纪律。

**第二十条** 尊重党员主体地位，发扬党内民主，保障党员权利，推进党务公开。高校党组织讨论决定重要事项前，应当充分听取党员的意见，党内重要情况及时向党员通报。

**第二十一条** 按照坚持标准、保证质量、改善结构、慎重发展的方针和有关规定，把政治标准放在首位，加强对入党积极分子的教育、培养和考察，加强在高层次人才、优秀青年教师和优秀学生中发展党员工作。建立党员领导干部和党员学术带头人直接联系培养教师入党积极分子制度。将团组织推优作为确定学生入党积极分子的重要渠道。建立从高中到大学、从大学到研究生阶段入党积极分子接续培养机制，加大在高校低年级学生中发展党员力度。

**第二十二条** 高校党委应当设立党校。党校的主要任务是培训党员、干部和入党积极分子。

## 第六章 干部和人才工作

**第二十三条** 高校党委应当坚持党管干部原则，按照干部管理权限对学校干部实行统一管理。选拔任用干部，必须突出政治标准，坚持德才兼备、以德为先，坚持五湖四海、任人唯贤，坚持事业为上、公道正派，坚持注重实绩、群众公认，努力实现干部队伍革命化、年轻化、知识化、专业化，建设忠诚干净担当的高素质专业化干部队伍。

选拔任用学校中层管理人员，由高校党委及其组织部门按照有关规定进行分析研判和动议、民主推荐、考察，充分听取有关方面意见，经高校党委（常委会）集体讨论决定，按照规定程序办理。

**第二十四条** 高校院（系）级单位党组织在干部队伍建设中发挥主导作用，同本单位行政领导一起，做好本单位干部的教育、培训、选拔、考核和监督工作，以及学生辅导员、班主任的配备、管理工作。

对院（系）级单位行政领导班子的配备及其成员的选拔，本单位党组织可以向学校党委提出建议，并协助学校党委组织部门进行考察。

**第二十五条** 高校党委应当建立健全优秀年轻干部发现培养选拔制度，制定并落实年轻干部队伍建设规划，大胆选拔使用经过实践考验的优秀年轻干部。统筹做好女干部、少数民族干部和党外干部的培养选拔工作。

**第二十六条** 高校党委应当坚持党管人才原则，贯彻人才强国战略，实施更加积极、更加开放、更加有效的人才政策，健全人才培养、引进、使用、评价、流动、激励机制，大力弘扬科学家精神，营造潜心育人、潜心科研、激发创造活力的工作环境，用好用活党内和党外、国内和国外等各方面优秀人才，形成人才辈出、人尽其才的良好局面。加强对人才的政治引领和政治吸纳，健全党组织联系服务专家工作制度，不断提高各类人才的思想政治素质和业务素质。

## 第七章 思想政治工作

**第二十七条** 高校党委应当牢牢掌握党对学校意识形态工作的领导权，统一领导学校思想政治工作。发挥行政系统、群团组织、学术组织和广大教职工的作用，共同做好思想政治工作。

**第二十八条** 高校党组织应当把理想信念教育放在首位，对师生员工进行马克思列宁主义、毛泽东思想和中国特色社会主义理论体系的教育，推动习近平新时代中国特色社会主义思想进教材、进课堂、进头脑，做好党的基本路线教育，爱国主义、集体主义和社会主义思想教育，党史、新中国史、改革开放史、社会主义发展史教育，中华优秀传统文化、革命文化、社会主义先进文化教育，国情教育、形势政策教育、社会主义民主法治教育、国家安全教育和民族团结进步教育。把培育和践行社会主义核心价值观融入大学生思想政治教育工作和师德师风建设的全过程，帮助广大师生员工树立正确的世界观、人生观和价值观，坚定中国特色社会主义道路自信、理论自信、制度自信、文化自信。

**第二十九条** 高校党组织应当把立德树人作为根本任务，构建思想政治工作体系，加强意识形态阵地管理。充分发挥课堂教学的主渠道作用，办好思想政治理论课，推进课程思政建设，拓展新时代大学生思想政治教育的有效途径，形成全员全过程全方位育人的良好氛围和工作机制。

**第三十条** 思想政治工作应当坚持理论联系实际，定期分析师生员工的思想动态，坚持解决思想问题与解决实际问题相结合，注重人文关怀和心理疏导，区别不同层次，采取多种方式，推动思想政治工作传统优势和信息技术高度融合，增强思想政治工作的针对性、实效性。

## 第八章　对群团组织的领导

**第三十一条**　高校党委应当研究工会、共青团、妇女组织等群团组织和学生会（研究生会）、学术组织工作中的重大问题，加强学生社团管理，支持他们依照法律和各自章程开展工作。

**第三十二条**　高校党委领导教职工代表大会，支持教职工代表大会正确行使职权，在参与学校民主管理和民主监督、维护教职工合法权益等方面发挥积极作用。

## 第九章　领导和保障

**第三十三条**　各级党委及其有关部门、有关国家机关党组（党委）应当把高校基层党组织建设作为党建工作的重要内容，摆在突出位置，纳入整体部署，坚持属地管理原则，坚持管班子管业务与管党建管思想政治工作相结合，形成党委统一领导，教育工作领导小组牵头协调，纪检机关和组织、宣传、统战、教育工作等部门密切协作、齐抓共管的工作格局。

**第三十四条** 各级党委及其有关部门、有关国家机关党组（党委）应当合理设置负责高校党建工作的部门和机构，各级党委教育工作部门应当有内设机构具体承担高校党建工作职能，配齐配强工作人员。

高校党委根据工作需要，本着精干高效和有利于加强党建工作的原则，设立办公室、组织部、宣传部、统战部和教师工作、学生工作、保卫工作部门等机构。

**第三十五条** 按照社会主义政治家、教育家标准，选好配强高校党委书记、校长，把政治过硬、品行优良、业务精通、锐意进取、敢于担当的优秀干部选配到学校领导岗位。学校行政领导班子成员是党员的，一般应当进入党委常委会或者不设常委会的党委。纪委书记、组织部长、宣传部长、统战部长一般应当由党委常委或者不设常委会的党委委员担任。

高校应当按照专职为主、专兼结合、数量充足、素质优良的要求，将党务工作和思想政治工作队伍建设纳入学校人才队伍建设总体规划，完善选拔、培养、激励机制。专职党务工作人员和思想政治工作人员应当在编制内配足，总数不低于全校师生人数的1%，每个院（系）至少配备 1 至 2 名专职组织员。专职辅导员岗位按照师生比不低于 1∶200 的比例设置，专职思想政治理论课教师岗位按照师生比不低于1∶350的比例核定。完善保障机制，为学校党的建设和思想政治工作提供经费和物质支持。

**第三十六条** 高校党的建设和思想政治工作情况应当纳入巡视巡察，作为学校领导班子综合评价和领导人员选拔任用的重要依据，作为“双一流”建设等工作成效评估的重要内容。开展党组织书记抓基层党建述职评议考核工作，强化考核结果运用。对党的建设和思想政治工作重视不够、落实不力的，应当及时提醒、约谈；对出现严重问题的，按照有关规定严肃追责问责，督促抓好问题的整改落实。

## 第十章 附　　则

**第三十七条** 本条例适用于国家举办的普通高等学校。

军队系统院校党组织的工作，按照中共中央、中央军事委员会有关规定执行。

**第三十八条** 本条例由中央组织部负责解释。

**第三十九条** 本条例自发布之日起施行。

# 坚持和加强党对高校的全面领导<br>为培养社会主义建设者和接班人<br>提供坚强组织保证*

——中央组织部、教育部负责人就修订颁布《中国共产党普通高等学校基层组织工作条例》答记者问

近日，中共中央印发新修订的《中国共产党普通高等学校基层组织工作条例》（以下简称《条例》）。中央组织部、教育部负责人就《条例》修订相关情况，回答了记者的提问。

**问：请介绍一下《条例》修订的背景、过程和意义。**

**答：**1996 年 3 月党中央颁布的《条例》，作为高校党的建设的基本法规，为加强高校党的工作提供了制度保障。2009 年 11 月，时任中共中央政治局常委、中

---

* 来源：《人民日报》2021 年 4 月 23 日 04 版。

央书记处书记、中央党的建设工作领导小组组长习近平同志，亲自指导《条例》第一次修订工作，主持召开中央党建工作领导小组会议对《条例》修订稿进行研究。2010年8月，党中央颁布修订后的《条例》，对推进高校党的工作制度化、规范化、科学化发挥了重要作用。

党的十八大以来，以习近平同志为核心的党中央，高度重视加强党对高校的全面领导和高校党的建设，作出一系列重大部署。习近平总书记多次对高校党建作出重要指示批示，多次到高校考察指导，特别是2016年12月、2018年9月先后出席全国高校思想政治工作会议、全国教育大会并发表重要讲话，为做好新形势下的高校党建和思想政治工作指明了前进方向、提供了根本遵循。各地各高校深入学习贯彻习近平新时代中国特色社会主义思想，全面贯彻党的教育方针，落实立德树人根本任务，坚持和加强党对高校的全面领导，推进全面从严治党向纵深发展、向基层延伸，强化党组织政治功能和组织力，不断提高高校基层党组织建设质量，取得了明显成效，积累了重要经验。面对新形势新任务新要求，《条例》许多内容亟需再次修订完善。

按照党中央有关部署，中央组织部、教育部负责《条例》修订工作。2019 年下半年以来，我们先后开展 4 轮调研和征求意见工作，广泛听取各省（区、市）党委组织、教育工作部门，高校党委和基层党组织对《条例》的修改意见，到 12 个省区市实地调研，组织专家学者对有关重点问题进行深入研讨，梳理汇总各方面意见建议 500 余条。《条例》修订稿形成后，书面征求中央教育工作领导小组成员单位、中央和国家机关有关部门和省（区、市）党委组织、教育工作部门的意见。在吸收各方面意见建议基础上，进行认真修改完善，经中央教育工作领导小组会议审议通过后报党中央。2021 年 2 月，习近平总书记先后主持召开中央政治局常委会会议、中央政治局会议，审议通过《条例》稿。4 月 16 日，党中央印发《条例》。

这次修订的《条例》，深入贯彻习近平新时代中国特色社会主义思想，深入贯彻党的十九大和十九届二中、三中、四中、五中全会精神，贯彻落实新时代党的建设总要求和新时代党的组织路线，坚持以党章为根本依据，对高校基层党组织工作作出全面规范，体现了近年来高校党建工作的理论、实践和制度创新成果，是新时代高校党的建设的基本遵循。《条例》的修订和实施，对于全面贯彻党的教育方针，落实立德树人根本任务，建设高质量教育体系，培养社会主义建设者和接班人，具有十分重要的意义。

**问：修订《条例》遵循的主要原则是什么？**

**答：**做好新时代高校党建工作，必须自觉把高校党的建设放在坚持和加强党的全面领导，坚持党要管党、全面从严治党，增强“四个意识”、坚定“四个自信”、做到“两个维护”的政治高度来审视，围绕全面贯彻党的教育方针、坚持正确办学方向、落实立德树人根本任务来展开，围绕为谁培养人、培养什么人、如何培养人这个重大问题来谋划推进。

这次《条例》修订，既体现政治性、原则性，又突出实践性、针对性，主要遵循以下原则：一是坚持以习近平新时代中国特色社会主义思想为指导，把近年来党中央和习近平总书记关于党的建设、教育事业特别是高校党的建设和高等教育工作的重要部署重要指示要求写进《条例》，进一步夯实党的组织制度基础。二是坚持以党章为根本依据，以党的政治建设为统领，把党的十九大党章修正案对事业单位基层党组织职责作用的规定具体化，全面体现近年来党中央出台的重要法规文件中关于高校党的建设的新规定新要求，实现高校党建工作制度的守正创新。三是坚持问题导向，聚焦解决近年来一些高校党的领导弱化、党的建设缺失、全面从严治党不力等问题，补短板、强弱项，创新制度安排、强化制度保障。四是注重深入、系统总结近年来高校党建工作实践经验，健全完善高校党的组织体系、制度体系、工作机制，深化对高校党建工作的规律性认识。

**问：《条例》主要修订了哪些内容？**

**答：**新修订的《条例》保持原有框架基本不变，章节有所调整，内容作了充实和完善，共 10 章 39 条。主要在以下几个方面作了修改：一是完善高校基层党组织工作的指导思想、目标原则。将坚持教育为人民服务、为中国共产党治国理政服务、为巩固和发展中国特色社会主义制度服务、为改革开放和社会主义现代化建设服务，坚守为党育人、为国育才、培养德智体美劳全面发展的社会主义建设者和接班人等要求写入《条例》，提出高校党组织工作应当遵循 5 个方面原则。二是适当调整组织设置和职责。根据党中央有关要求，围绕坚持和加强党的全面领导，对高校各级党组织的主要职责作进一步充实。完善高校党委常委会人员组成结构，规范高校院（系）级单位党组织、党支部任期，明确党支部设置方式和党支部书记选拔标准。三是健全高校纪检工作领导体制和机制，强化高校纪委监督执纪问责职责，规范处理违犯党的纪律的线索和案件的要求。四是在党员队伍建设上，突出加强政治理论教育和党史教育，推进“两学一做”学习教育常态化制度化，建立和落实不忘初心、牢记使命的制度，规范和严肃党组织生活，加强党员发展工作。五是在干部和人才工作方面，要求建设忠诚干净担当的高素质专业化干部队伍，加强对人才的政治引领和政治吸纳。六是强化对高校党组织开展思想政治工作以及领导群团组织的要求。七是增写“领导和保障”章节，压实各级党委、有关部门党组织抓高校基层党组织建设的工作责任和高校党委的主体责任，对加强高校党建和思想政治工作队伍建设，强化考核评价等提出要求。同时，注重保持党内法规的权威性、严肃性、连续性，对原《条例》中经实践证明行之有效的要求，能保留的尽量保留。

**问：党的十八大以来，党中央对加强党的政治建设作出重要部署，请问《条例》是如何体现和落实这方面要求的？**

**答：**党的政治建设是党的根本性建设，决定党的建设方向和成效。习近平总书记指出，要把党的政治建设摆在首位，以党的政治建设为统领，引领带动党的建设质量全面提高。《条例》深入贯彻习近平总书记重要论述重要指示和党中央决策部署，对高校加强党的政治建设作出一系列规定，提出明确要求。在总则部分，把加强党的政治建设作为高校党的建设工作应当遵循的 5 条原则之一，强调以党的政治建设为统领，把政治标准和政治要求贯穿党的思想建设、组织建设、作风建设、纪律建设以及制度建设、反腐败斗争始终。在高校各级党组织职责中明确加强党的政治建设，强化党组织政治功能的要求。在党员队伍建设方面，明确突出政治教育和政治训练的要求。在其他有关章节，将党的政治建设要求融入其中，就推动党的创新理论进教材进课堂进头脑，办好思想政治理论课，加强“四史”教育，加强对人才的政治引领和政治吸纳，加强学术组织、学生社团管理等作出规定，一体推动抓好落实。高校要以庆祝中国共产党成立 100 周年为契机，认真开展党史学习教育，巩固深化“不忘初心、牢记使命”主题教育成果，更好地学习贯彻习近平新时代中国特色社会主义思想，把党的领导、党的建设贯穿高校办学治校全过程。

**问：党委领导下的校长负责制是在高校坚持党的领导、执行民主集中制的重要制度安排，请问《条例》对坚持这一制度作了哪些规定？**

**答：**坚持党委领导下的校长负责制，是高校领导体制长期探索的历史选择。实践证明，党委领导下的校长负责制符合我国国情，有利于党的理论和路线方针政策在高校的贯彻落实，有利于促进高校改革发展稳定，必须长期坚持并不断完善。习近平总书记指出，办好我国高等教育，必须坚持党的领导，牢牢掌握党对高校工作的领导权，强调要坚持党委领导下的校长负责制，高校党委对学校工作实行全面领导，高校书记、校长都要成为社会主义政治家、教育家。《条例》着眼于加强和改进党对高校的领导，主要从四个方面作了补充和完善。一是强调高校党委承担管党治党、办学治校主体责任，履行把方向、管大局、作决策、抓班子、带队伍、保落实的领导职责。这就对高校党委的地位和作用作出了更完整、更全面的概括。二是充实了高校党委的主要职责，《条例》详细列举了高校党委九个方面的主要职责，使高校党委领导下的校长负责制的目标任务更加清晰、实现途径更加明确、落实措施更加具体。三是强调按照社会主义政治家、教育家标准，选好配强高校党委书记、校长，把政治过硬、品行优良、业务精通、锐意进取、敢于担当的优秀干部选配到学校领导岗位。这是确保党委领导下的校长负责制有效有序执行的关键，有利于确保高校领导权牢牢掌握在忠于马克思主义、忠于党和人民的人手中。四是完善高校党委常委会人员组成结构，重申设立常委会的高校党委一般设党委委员 15 至 31 人、常委会委员 7 至 11 人，不设常委会的一般设委员 7 至 11 人，并提出可适当增减常委会委员或不设常委会的委员职数。这样规定，既保证了政策的严肃性、统一性和延续性，也为地方和高校留出政策空间。

**问：党的纪律是党的各级组织和全体党员必须遵守的行为规则，请问《条例》对高校党的纪律检查工作有什么具体要求？**

**答：**加强高校党的纪律建设和廉洁教育，事关大学生健康成长，事关高等教育事业兴旺发达和国家长治久安。深入推进高校党风廉政建设和反腐败工作，对于营造风清气正的育人环境，促进高校改革发展稳定具有十分重要的作用。《条例》根据党的十九大通过的《中国共产党章程（修正案）》有关规定，对高校党的纪律检查工作体制机制、职责任务作了完善。一是在领导机制上，强调高校纪委在同级党委和上级纪委双重领导下进行工作，高校党委视具体情况在院（系）级单位党委设立纪委或纪检委员，党总支和支委会设纪检委员。对实行向高校派驻纪检监察机构的领导机制作出专门规定。二是在职责要求上，强调高校纪委是高校党内监督专责机关，履行监督执纪问责职责。三是在工作任务上作了进一步完善充实，强调高校纪委承担检查党的路线方针政策和决议执行情况等主要任务。同时，对高校纪委处理违犯党的纪律的线索和案件提出规范性要求。

**问：高校基层党组织是党在高校的战斗堡垒，党员是党的肌体的细胞和党的活动的主体，请问《条例》在加强高校基层党组织和党员队伍建设方面作了哪些规定？**

**答：**高校基层党组织是党在高校全部工作和战斗力的基础。坚持和加强党对高校的领导，必须夯实高校党建工作基础，增强基层党组织的创造力凝聚力战斗力。《条例》在坚持党建工作基本要求的前提下，从不同层面作了进一步完善。一是在总则部分，鲜明提出坚持抓基层强基础，健全高校党的组织体系、制度体系和工作机制，全面增强高校基层党组织生机活力的要求，并作为高校党的建设工作应当遵循五条原则之一。二是在高校党委层面，完善高校党委主要职责，明确规定高校党委要按照党要管党、全面从严治党要求，落实基层党建工作责任制，加强学校党组织建设。三是提出高校院（系）党组织要强化政治功能，履行政治责任的要求。这就要求院（系）党组织要旗帜鲜明讲政治，把好重大问题政治关。四是对师生党支部建设提出新要求，总结吸收近年来地方和高校开展教师党支部书记“双带头人”培育工程的成功实践，明确提出注重选拔党性强、业务精、有威信、肯奉献的党员学术带头人担任教师党支部书记。五是明确规定高校院（系）党组织每届任期一般为5年，使院（系）党组织的任期与行政班子的任期相一致。

《条例》也对党员教育管理、发挥党员作用、发展党员工作提出明确要求，推动师生党员把党员身份亮出来，把先进标尺立起来，把先锋形象树起来。一是加强党员政治教育，推进“两学一做”学习教育常态化制度化，建立和落实不忘初心、牢记使命的制度。二是严格党的组织生活，提高“三会一课”质量，开好民主生活会和组织生活会，落实谈心谈话、民主评议党员、主题党日等制度。三是强化党员管理服务，及时转接组织关系，加强流动党员管理和服务，健全党内关怀、帮扶长效机制，搭建党员发挥作用平台，妥善处置不合格党员。四是保障党员权利，推进党务公开，党内重要情况要及时向党员通报。五是做好发展党员工作，强调把政治标准放在首位，加强在高层次人才、优秀青年教师和优秀学生中发展党员工作，将团组织推优作为确定学生入党积极分子的重要渠道，建立入党积极分子接续培养机制，加大在低年级学生中发展党员力度。

**问：党的干部是党的事业的骨干，高校是各类人才集聚的高地，请问《条例》对高校干部和人才工作作了哪些规定？**

**答：**坚持党管干部原则和党管人才原则，把那些德才兼备、注重实绩、群众公认的干部选拔到高校各级领导岗位上来，把各类优秀人才凝聚到党和国家的高等教育事业中来，对于坚持党的全面领导，落实党的教育方针，实现高等教育的根本任务具有十分重要的意义。《条例》贯彻落实新时代党的组织路线，对干部培养、选拔、任用和人才工作提出明确要求。一是坚持党管干部原则，规定高校党委按照干部管理权限对学校干部实行统一管理，强调选拔任用干部要突出政治标准，明确提出院（系）级单位党组织在干部队伍建设中发挥主导作用。二是强调建立健全优秀年轻干部发现培养选拔制度，制定并落实年轻干部队伍建设规划，统筹做好女干部、少数民族干部和党外干部的培养选拔工作。三是完善了高校人才工作的政策、机制等相关规定，提出实施更加积极、更加开放、更加有效的人才政策，健全人才培养、引进、使用、评价、流动、激励机制，弘扬科学家精神等要求，赋予了高校人才工作新的内涵。

**问：思想政治工作是学校各项工作的生命线，请问《条例》对加强高校思想政治工作有什么要求？**

**答：**加强思想政治工作是我国高等教育的优良传统，是高校党组织的一项主要职责。习近平总书记指出，思想政治工作是学校各项工作的生命线，高校思想政治工作既是我国高校的特色，又是办好我国高校的优势；高校思想政治工作是党领导高校工作的具体体现，也是开展高校党的建设的重要抓手。《条例》主要从三个方面对高校开展思想政治工作的有关规定进行了补充和完善。一是重申了高校开展思想政治工作的根本要求。强调高校党委统一领导学校思想政治工作，旗帜鲜明要求牢牢掌握党对学校意识形态工作的领导权。二是对高校开展思想政治工作的目标和任务作了充实。强调要把立德树人作为根本任务，把理想信念教育放在首位，推动习近平新时代中国特色社会主义思想进教材、进课堂、进头脑，加强党的理论教育、党史教育、爱国主义教育，办好思想政治理论课，构建思想政治工作体系，加强意识形态阵地管理，形成全员全过程全方位育人工作机制等内容，丰富了大学生思想政治工作的内涵。三是充实完善了开展思想政治工作的原则和方法，强调坚持解决思想问题与解决实际问题相结合，推动思想政治工作传统优势和信息技术高度融合，增强思想政治工作的针对性、实效性。

**问：《条例》在落实高校党建工作责任方面有哪些规定？为保障责任落实到位作了哪些制度安排？**

**答：**《条例》增写“领导和保障”专章作出相关规定，压实各级党委及其有关部门、有关国家机关党组织抓高校基层党组织建设的工作责任和高校党委的主体责任。一是提出了加强高校基层党建工作的总体要求，强调各级党委及其有关部门、有关国家机关党组织应当把高校基层党组织建设作为党建工作的重要内容，摆在突出位置，纳入整体部署，强调坚持属地管理原则，坚持管班子管业务与管党建管思想政治工作相结合，形成党委统一领导，教育工作领导小组牵头协调，纪检机关和组织、宣传、统战、教育工作等部门密切协作、齐抓共管的工作格局。二是明确了加强高校基层党建工作机构设置的要求，强调各级党委及其有关部门、有关国家机关党组织应当合理设置负责高校党建工作的部门和机构，各级党委教育工作部门应当有内设机构具体承担高校党建工作职能，高校党委根据工作需要，本着精干高效和有利于加强党建工作的原则，设立相关工作机构。三是充实完善了加强高校基层党建工作的保障措施，对党务工作和思想政治工作队伍建设纳入学校人才队伍建设总体规划以及相应的配备比例、措施体系、保障机制等都提出更加明确的要求，强调专职党务工作人员和思想政治工作人员应在编制内配足。四是明确了确保责任落实的相关规定，强调将高校党建和思想政治工作作为学校领导班子综合评价和领导人员选拔任用的重要依据，作为“双一流”建设等工作成效评估的重要内容。同时，对基层党建述职评议考核、责任追究等提出要求。

**问：中央组织部、教育部对抓好《条例》的贯彻落实有什么具体部署？**

**答：**制度的生命力在于执行。党中央在印发《条例》的通知中，对学习宣传贯彻《条例》提出了明确要求，各级党组织要认真抓好落实，把高校党的建设摆在突出位置来抓，采取有力有效措施，健全完善高校党的组织体系、制度体系和工作机制，推动高校党建与高等教育事业发展深度融合，以高质量的党建引领推动高校为党育人为国育才、实现高质量发展。我们将筹备召开第 27 次全国高校党的建设工作会议，部署《条例》学习贯彻工作。各地各有关部门和高校要把学习宣传贯彻《条例》作为一项重要任务，通过各种媒介广泛宣传解读，使高校各级党组织、广大党员干部师生深入领会《条例》精神，全面掌握《条例》内容，严格遵守和执行《条例》规定。要认真组织开展学习培训，把《条例》纳入党委（党组）理论学习中心组学习内容和党校（行政学院）教育课程，纳入高校“三会一课”、教师集中学习等，对高校专职党务工作者和思想政治工作人员进行专题培训，提高做好高校基层党组织工作的能力本领。要加强对《条例》贯彻执行情况的监督检查，总结经验，注重发现和解决工作中存在的问题。

**图书在版编目（CIP）数据**

中国共产党普通高等学校基层组织工作条例／中国法制出版社编．—北京：中国法制出版社，2021.4
（2021.5重印）
ISBN 978－7－5216－1696－5

Ⅰ.①中… Ⅱ.①中… Ⅲ.①中国共产党－高等学校－基层组织－工作条例 Ⅳ.①D267.6

中国版本图书馆CIP数据核字（2021）第045901号

**中国共产党普通高等学校基层组织工作条例**
ZHONGGUO GONGCHANDANG PUTONG GAODENG XUEXIAO JICENG ZUZHI GONGZUO TIAOLI

经销/新华书店
印刷/北京海纳百川印刷有限公司
开本/850毫米×1168毫米　32开　　印张/1.25　字数/17千
版次/2021年4月第1版　　2021年5月第3次印刷

---

中国法制出版社出版
书号 ISBN 978－7－5216－1696－5　　定价：5.00元

北京西单横二条2号
邮政编码100031　　传真：010－66031119
**网址：http：//www.zgfzs.com**　　**编辑部电话：010－66054900**
**市场营销部电话：010－66033393**　　**邮购部电话：010－66033288**

（如有印装质量问题，请与本社印务部联系调换。电话：010－66032926）